EWO PA M

-

MY HEROES

EWO PA M – MY HEROES

Bito David
bitodavid@gmail.com

ISBN: 978-0-9984877-0-0

Kouvèti / Cover: Edisyon Perle Des Antilles
Pajinasyon / Formatting: Edisyon Perle Des Antilles

Edisyon Perle Des Antilles
Editions Perle Des Antilles
7054 Chesapeake Circle
Boynton Beach, Florida 33436

Marin 12 # 7
Port-au-Prince, Haïti W.I.

perledesantilles1804@gmail.com
(561) 254-6043 / (509) 3116-8892

REMÈSIMAN

Sensè remèsiman pou Doktè Gérard Alphonse Férère pou kontribisyon li nan revizyon pwodiksyon sa a

AKNOWLEDGEMENT

Heartfelt thanks to Dr. Gérard Alphonse Férère for its contribution revising this production

Ewo pa m
Se sa yo ki chante kredo pa m
Se sa yo ki ban m diyite m
Ki goumen pou m jwenn libète m
Se sa yo ki leve flanbo m
Ki pa wont monte drapo m

My heroes
Are those who sing my *credos*
Those who gave me my dignity
Who fought for my liberty
Those who raise my flag
And of it are not ashamed to brag

ENTWODIKSYON.. *13*

INTRODUCTION... *15*

   Aleksann Petyon / Alexandre Pétion......................... *17*

   Anri Kristòf / Henri Christophe.................................. *19*

   Chalmay Peralt / Charlemagne Péralte...................... *21*

   Diti Boukman / Dutty Boukman................................. *23*

   Franswa Kapwa / François Capois.............................. *25*

   Jan-Jak Desalin / Jean-Jacques Dessalines................. *27*

   Jan-Pyè Bwaye / Jean-Pierre Boyer............................ *29*

   Katrin Flon / Catherine Flon...................................... *31*

   Mari-Jàn Lamatinyè / Marie-Jeanne Lamartinière... *33*

   Tousen Louvèti / Toussaint Louverture...................... *35*

KONKLIZYON.. *37*

CONCLUSION.. *39*

OSIJÈ OTÈ A... *41*

ABOUT THE AUTHOR... *43*

BIBLIYOGRAFI.. *45*

BIBLIOGRAPHY... *45*

HAITI
10 Départements

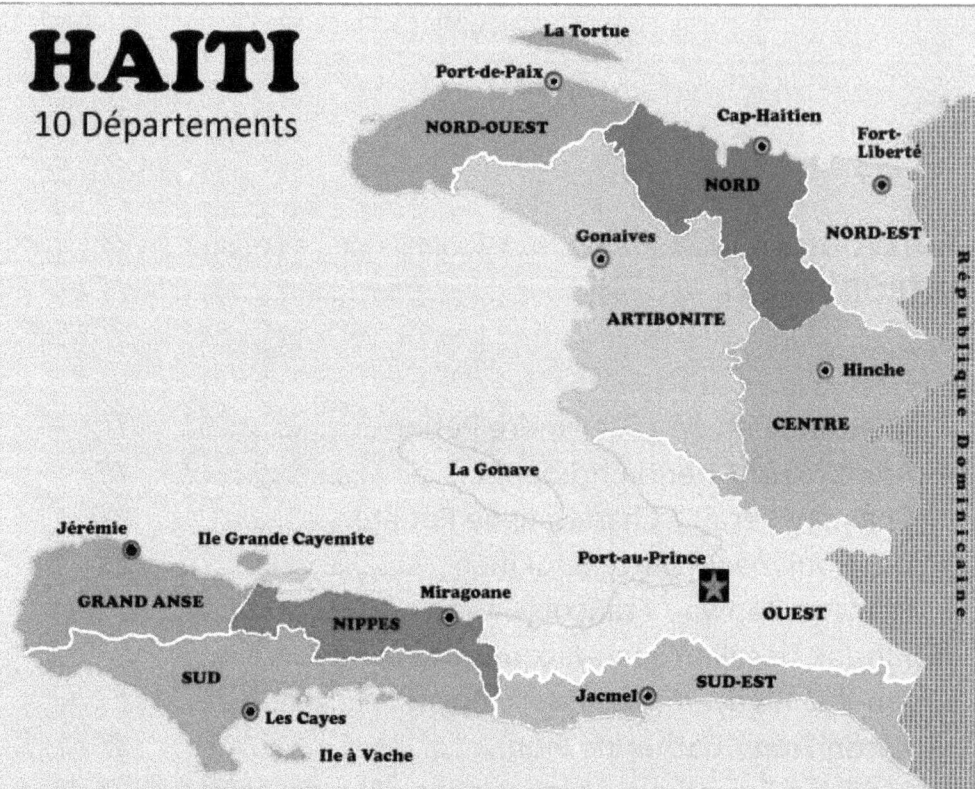

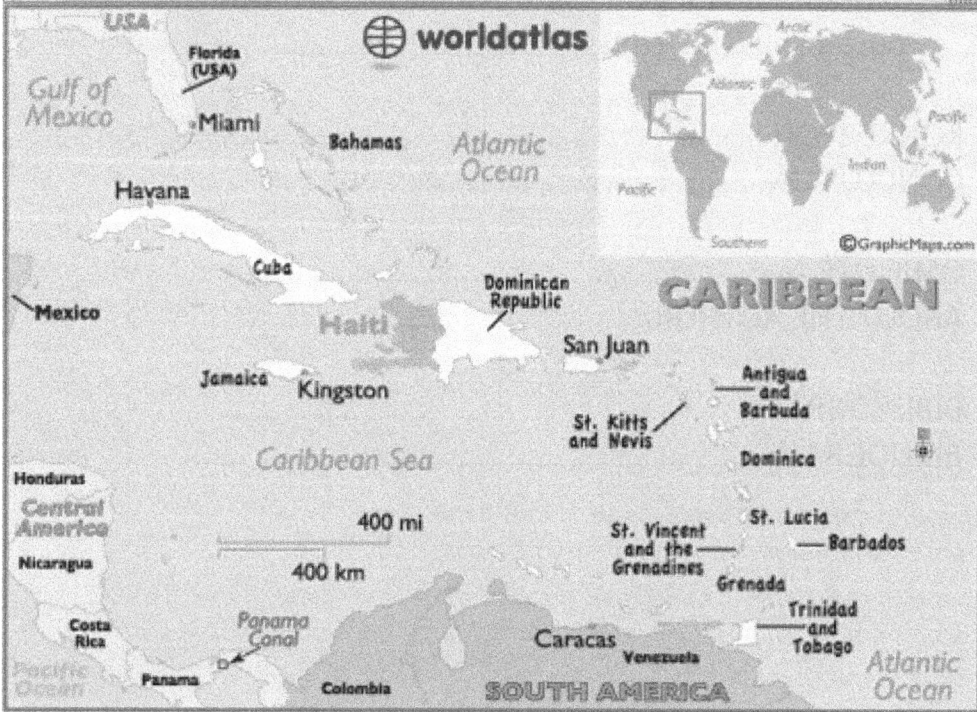

La Tortue

Port-de-Paix

NORD-OUEST

Cap-Haitien

Fort-Liberté

NORD

NORD-EST

Gonaives

ARTIBONITE

Hinche

CENTRE

La Gonave

Jérémie

Ile Grande Cayemite

Port-au-Prince

GRAND ANSE

Miragoane

NIPPES

OUEST

SUD

Jacmel

SUD-EST

Les Cayes

Ile à Vache

République Dominicaine

worldatlas

USA

Florida (USA)

Miami

Gulf of Mexico

Bahamas

Atlantic Ocean

Havana

Arctic

Atlantic

Pacific

Indian

Pacific

Southern

©GraphicMaps.com

Cuba

Mexico

Haiti

Dominican Republic

CARIBBEAN

San Juan

Jamaica

Kingston

St. Kitts and Nevis

Antigua and Barbuda

Dominica

Honduras

Central America

Caribbean Sea

Nicaragua

400 mi

400 km

St. Vincent and the Grenadines

St. Lucia

Barbados

Grenada

Costa Rica

Panama Canal

Panama

Colombia

Caracas

Venezuela

Trinidad and Tobago

Pacific Ocean

SOUTH AMERICA

Atlantic Ocean

ENTWODIKSYON

AYITI sitiye nan Lanmè Karayib la, apeprè 1.100 kilomèt oswa 700 mil vil Miami nan peyi Etazini. Li pataje zile Ispanyola a ak Repiblik Dominikèn nan ki nan pati ès la. Ayiti gen yon sipèfisi ki apeprè menm ak eta Maryland, swa 27.750 kilomèt kare oubyen 10,714 mil kare.

Nan dat 6 desanm 1492, navigatè Kristòf Kolon te dekouvri zile a epi li te ba l non Ispanyola ki vle di Ti Espay paske li di peyi a te sanbe ak Espay. Lè sa a se te pèp Tayino ki te abite sou li. Ewopeyen yo, ki te ap chache lò ak tout lòt kalite richès ak byen, te pran posesyon tè a; apre sa Franse vin kolonize l apati ane 1625. Panyòl ak Franse yo te touye tout natifnatal yo te rele endyen ki te abite sou tè a. Pi devan yo enpòte nèg soti nan zòn wès Afrik pou vin travay kòm esklav sou plantasyon yo pou anrichi metwopòl la. Anba tout fòm diskriminasyon, move tretman, lanmò, nan dezyèm mwatye 18yèm syèk la, nan ane 1791, pandan yon kongrè istorik Boukmann te òganize nan Bwa Kayiman, esklav yo deside pou goumen pou libète yo kont metwopòl la. Sou lòd lidè revolisyonè tankou Boukmann, Tousen, Desalin, Petyon, Kristòf ak lòt ankò, yo te afwonte lame Napoleyon an epi finalman te ranpòte viktwa epi pran endepandans yo nan dat istorik 18 novanm 1803 lè yo te kreye premye peyi nwa endepandan nan mond modèn nan, dezyèm nan emisfè lwès la.

Okenn peyi nan mond lan pa t rekonèt endepandans Ayiti, pami yo Frans ak Etazini. Depi deklarasyon endepandans lan, premye janvye 1804, peyi a soufri izolman, anbago komès, endamnite, okipasyon, ak move rapò ak peyi etranje yo. Limenm ki te lontan rele "Pèl pami Antiy yo" pou bèlte l, pwodiksyon l ak richès li, Ayiti, kòm konsekans, tounen jounen jodi peyi ki pi pòv nan rejyon an.

Ayiti se yon peyi ki gen twa ka mòn. Li genyen plenn sou zòn bò lanmè yo. Aktyèlman popilasyon l apeprè 11 milyon abitan k ap viv nan peyi a ak yon dyaspora trè enpòtan yo estime ki anviwon de milyon moun k ap viv nan Amerik di Nò, Karayib la ak anpil lòt peyi nan mond lan. Ayiti se yon repiblik konstitisyonèl. Ayisyen pale kreyòl ayisyen ak fransè. Lajan ki sèvi Ayiti rele Gourde. Pi gwo relijyon nan peyi a se: Vodou, Katolik ak Pwotestan.

HAITI
10 Départements

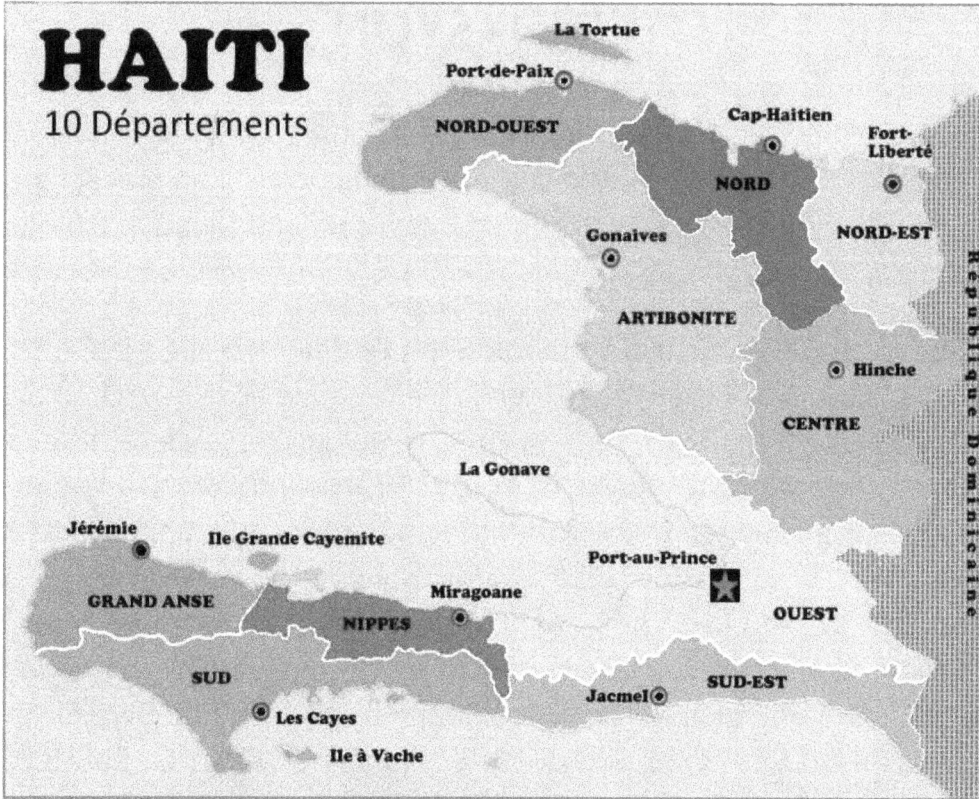

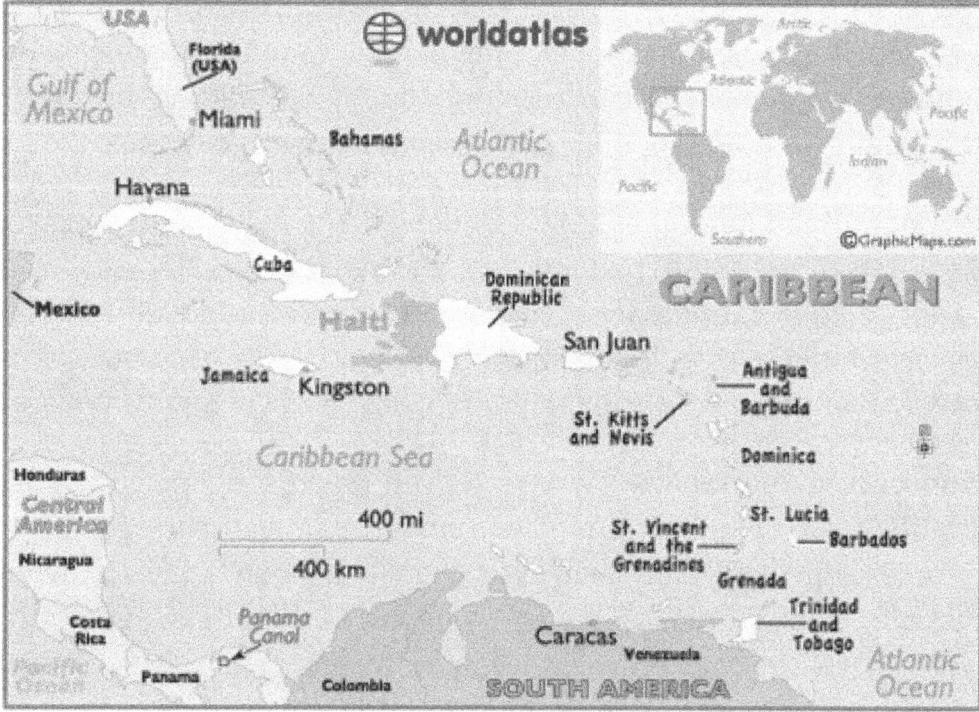

La Tortue

Port-de-Paix

NORD-OUEST

Cap-Haitien

Fort-Liberté

NORD

NORD-EST

Gonaives

ARTIBONITE

Hinche

CENTRE

La Gonave

Jérémie

Ile Grande Cayemite

Port-au-Prince

GRAND ANSE

Miragoane

NIPPES

OUEST

SUD

SUD-EST

Jacmel

Les Cayes

Ile à Vache

République Dominicaine

USA

worldatlas

Florida (USA)

Gulf of Mexico

Miami

Bahamas

Atlantic Ocean

Arctic

Atlantic

Pacific

Havana

Indian

Pacific

Cuba

Southern

©GraphicMaps.com

Mexico

Dominican Republic

CARIBBEAN

Haiti

San Juan

Jamaica

Kingston

Antigua and Barbuda

St. Kitts and Nevis

Honduras

Caribbean Sea

Dominica

Central America

Nicaragua

400 mi

400 km

St. Vincent and the Grenadines

St. Lucia

Barbados

Grenada

Costa Rica

Panama Canal

Caracas

Trinidad and Tobago

Atlantic Ocean

Pacific Ocean

Panama

Colombia

Venezuela

SOUTH AMERICA

INTRODUCTION

HAITI is located in the Caribbean Sea, about 1,100 kilometers or 700 miles south of the city of Miami in the United States. It shares the island of Hispaniola with the Dominican Republic to the east. Haiti is about the size of the state of Maryland, 27,750 square kilometers or 10,714 square miles.

On December 6, 1492, Christopher Columbus discovered the island and named it Hispaniola (Little Spain). The land was then inhabited by the indigenous Taino people. The Europeans, in quest of gold and all types of wealth, colonized the island and the French dominated it since 1625. Spaniard and French killed off the native inhabitants, imported West Africans to work as slaves on the plantations to enrich the metropolis. Suffering from discrimination, mistreatment and facing death, in the second half of the 18th century, in 1791, during an historical congress organized by Boukman in Bois Caiman, the slaves decided to fight for their freedom against the metropolis. Led by the Haitian forefathers Boukman, Toussaint, Dessalines, Pétion, Christophe and others, they fought the Napoleon Army and ultimately won the last battle for their independence on the historic date of November 18, 1803, creating the first black independent country in the modern world, the second in the Western Hemisphere.

Haiti's independence was not recognized by the world including France and the United States. Since the declaration of Independence on January 1, 1804, the country has known isolation, trade embargo, indemnity, occupation, and hostile foreign relations. Formerly known as the «Pearl of the Caribbean» for its beauty, its production and its wealth, Haiti is today a poor country because of the circumstances of its history.

Haiti is a mountainous land with coastal plains. It has about 11 million habitants living in the country and a very significant diaspora of more than two million living in North America, the Caribbean and many other countries in the world. Haiti is a constitutional republic. Haitians speak Haitian Creole and French. The currency is Gourde. The most common religions in Haitian are Voodoo, Catholicism, and Protestantism.

Alexandre Pétion

ALEKSANN PETYON te fèt 2 avril 1770. Li te yon milat. Li te jeneral nan lame revolisyonè a. Li se youn nan fondatè Repiblik Ayiti. Li te vin prezidan peyi a nan ane 1807 pou jis li mouri nan dat 29 mas 1818. Pandan prezidans li, yo te rele Petyon "papa bon kè" akoz li te fè distribisyon tè bay peyizan ak patizan li. Petyon te ede lidè endepandans Simon Bolivar an 1815 lè li te ba li materyèl ak zam, lajan ak lòt sipò ankò pou al goumen pou liberasyon peyi yo rele jounen jodi a peyi Bolivaryen yo. Nan non repiblik Ayiti Petyon te mande l sèlman an retou pou libere tout esklav ki sou tè sa yo.

ALEXANDRE PÉTION was born on April 2, 1770. He was a mulatto. He was a general in the revolutionary army and is considered as one of the founding fathers of the republic of Haiti. He became president of Haiti in 1807 until his death on March 29, 1818. Pétion was known during his presidency as a "father of good heart" because he distributed lands to the peasantry and his supporters. Pétion helped the Gran Colombia leader, Simon Bolívar, in 1815, by providing him with materials, money, and weapons to fight for the independence of what is today called the "Bolivarian Countries". He only asked in return for the liberation of all the slaves on these lands.

Henri Christophe

ANRI KRISTÒF te fèt 6 oktòb 1767. Li se youn nan fondatè Repiblik Ayiti. Ansanm ak Desalin, li te yon lidè nan lame revolisyonè ki te genyen lagè endepandans kont peyi Frans nan ane 1804. Apre lanmò Desalin, Kristòf te vin prezidan pati nò Ayiti pandan Petyon t ap dirije pati sid la. Li te pwoklame tèt li wa sou non Anri Premye. Yo rekonèt Kristòf kòm yon lidè vizyonè. Li bati anpil gwo fòtrès nan peyi a, pami yo Sitadèl Laferyè, pi gwo fòtrès nan rejyon Karayib la. Nan peyi Ayiti yo konsidere Sitadèl la kòm uityèm mèvèy nan mond lan. Kristòf mouri 8 oktòb 1820.

HENRI CHRISTOPHE was born on October 6, 1767. One of the forefathers of the Republic of Haiti, he was, along with Dessalines, a leader of the Revolutionary Army that won the independence war against France in 1804. After the death of Dessalines, Christophe became president of the northern part of Haiti while Pétion ruled the South. He proclaimed himself King Henry the 1st. Christophe was known for being a visionary leader. He built many great palaces and among them, the Citadelle Laferrière, the greatest monument in the Caribbean, recognized in Haiti as the eighth wonder of the world. Christophe died on October 8, 1820.

Charlemagne Péralte

CHALMAY PERALT te fèt nan ane 1886 nan vil Ench. Li te yon ansyen militè nan lame ki te refize depoze lèzam devan twoup ameriken ki te anvayi Ayiti an 1915. Li se modèl rezistans kont enjerans ak okipasyon etranje, yon chanpyon pou souvrènte nasyonal. Alatèt yon gwoup konbatan ki te rele 'Kako', li te itilize metòd geriya pou konbat ak anpil enèji okipasyon ameriken teritwa ayisyen an, ki te kòmanse nan ane 1915 pou rive 1934. Viktim trayizon pwòp kanmarad li, li mouri asasinen anba men militè ameriken nan dat premye novanm 1919.

***

CHARLEMAGNE PÉRALTE was born in 1886 in the city of Hinche. He was a former military officer who refused to throw down the weapons to the US troops that invaded Haiti in 1915. He is a model of resistance against foreign intervention and foreign occupation, a champion for national sovereignty. Leading a group of fighters called 'Kako', he used the guerrilla warfare method to combat the US occupation of Haiti that began in 1915 and ended in 1934. Betrayed by one of his own companions, he was murdered by the American military on November 1, 1919.

Dutty Boukman

DITI BOUKMANN te fèt Jamayik epi pita li te vin esklav nan koloni Sen Domeng nan. Li te lidè gwoup esklav mawon yo. Li te yon ougan. Mawon yo se te esklav ki te sove kite plantasyon yo pou ale viv lib nan mòn oswa nan forè yo. Yo te konn òganize trè souvan gwo desantdelye pou atake plantasyon yo. Istwa rapòte Boukman te yon lidè enpòtan nan revòlt esklav nan pati nò nan Sen Domeng. Li te alatèt seremoni vodou ki te òganize pou prepare revòt jeneral esklav yo nan mwa Out 1791 ki te make kòmansman revolisyon ayisyen an. Li mouri 7 novanm 1791.

DUTTY BOUKMAN was born in Jamaica and later was enslaved in Haiti. He was the leader of the maroons and a voodoo priest. The maroons were the slaves who fled the plantations to live in liberty in the mountains or the forests, regularly attacking the plantations in raids. History relates that Boukman was a key leader in the slave revolt in the northern part of Saint Domingue. He presided over the voodoo ceremony of Bois Caiman, organized in preparation of the general slave revolt in August 1791 that marked the beginning of the Haitian Revolution. He died on November 7, 1791.

François Capois

FRANSWA KAPWA, yo bay non **Kapwa Lanmò**, te fèt Pòdpè, yon vil nan Nòdwès Ayiti. Li te yon jeneral nan Lame Revolisyonè Ayisyen an. Li te yon militè vanyan ki te brav anpil. Renome l se te pou gwo zak li te fè pandan lagè endepandans la, nan batay Vètyè kote yo di yon boulèt kanno te lage chapo militè l atè, epi apre yon lòt ranvèse chwal li. San krent, san pè, Franswa Kapwa leve sou de pye l pou l kontinye mennen twoup li. «Annavan! Annavan!» li kontinye ap rele. Lejand rakonte lè li wè sa, Rochanbo, ki te kòmandan lame fransè a, mande pou yo sispann batay la pou l al prezante onè ak admirasyon l bay konbatan an. Kapwa genyen pi gwo batay nan gè endepandans Ayiti a. Li mouri nan dat 8 oktòb 1806.

FRANÇOIS CAPOIS, nicknamed **Kapwa Lanmò,** meaning literally in English **Kapwa-Death,** was born in Port-de-Paix, a city in the Northwestern part of Haiti. He was a general in the Haitian Revolutionary Army. A courageous and very brave military, he is best known for his prowess during the war of independence at the battle of Vertières where it is said that a bullet toppled his hat and then one knocked over his horse. Without fear, Kapwa continued to lead his troop and kept yelling "Forward! Forward!" The legend reported that at that time the commander of the French army, General Rochambeau, requested a truce to present his words of admiration to the combatant. Kapwa died on October 8, 1806.

Jean-Jacques Dessalines

JAN-JAK DESALIN te fèt 20 septanm 1758 nan Cormiers, yon vilaj nan depatman Nò Ayiti. Li te youn nan esklav afriken yo nan koloni Sen Domeng nan. Li te antre nan mouvman revolisyonè a pou lagè endepandans ak libète kont peyi Frans. Li vin Jeneral-An-Chèf Lame Endijèn nan. Se li ki kondui twoup revolisyonè yo pou jwenn viktwa kont Napoleyon nan dat 18 novanm 1803 apre Batay Vètyè a. Yo konsidere Desalin kòm prensipal fondatè peyi Ayiti. Li deklare endepandans Ayiti premye janvye 1804. Li te pwoklame tèt li anprè Ayiti. Li mouri asasinen 17 oktòb 1806.

JEAN-JACQUES DESSALINES was born on September 20, 1758 at Cormiers, a city in the Northern part of Haiti. He was one of the enslaved Africans in the colony of St. Domingue. He joined the revolutionary movement for the war for independence and freedom against France and became General-In-Chief of the Revolutionary Army that he led to victory against Napoleon on November 18, 1803 after the Battle of Vertières. Dessalines is considered the principal founding father of Haiti. He declared Haiti's independence on January 1, 1804. He proclaimed himself emperor of the new country. He was assassinated on October 17, 1806.

Jean-Pierre Boyer

JAN-PYÈ BWAYE te fèt 15 fevriye 1776 nan Pòtoprens. Li te youn nan fondatè Repiblik Ayiti ki vin prezidan nan ane 1818. Li pase tan ki pi long kòm prezidan pami ewo endepandans Ayiti yo. Li te rive inifye peyi a ki te divize an 2 apre lanmò Desalin ant Anri Kristòf nan nò ak Petyon nan sid. Nan ane 1822, Bwaye te vin prezidan pati lès zile a tou ki se kounye a Repiblik Dominikèn. Peyi sa a te vin pran endepandans li nan ane 1844. Boyer rete sou pouvwa jis rive ane 1843 lè yo te fòse l pran ekzil. Bwaye mouri 9 jiyè 1850 nan vil Pari, peyi Frans.

JEAN-PIERRE BOYER was born on February 15, 1776, in Port-au-Prince. He was one of the forefathers of the Republic of Haiti who became president in 1818. He had the longest tenure as a president among the Haitian forefathers. He unified the country previously divided into two republic after the death of Dessalines, between Henri Christophe in the north and Pétion in the south. Boyer also put the Eastern part of the island, now the Dominican Republic, under his rule in 1822. The Dominican Republic later declared its independence in 1844. Boyer stayed in power until 1843 when he was forced into exile. He died on July 9, 1850 in Paris, France.

29

Catherine Flon

KATRIN FLON se youn nan ewo fanm yo venere pami pi gwo ewo endepandans ayisyen akoz li te koud premye drapo ayisyen ble e wouj nan dat 18 me 1803. Pandan dènye jou gwo Kongrè istorik nan Akayè a, nan yon jès pou montre separasyon total ak peyi Frans, Desalin koupe pati blan nan drapo twa koulè fransè a epi li bay Katrin Flon ble ak wouj ki rete a. Katrin Flon koud de moso ki rete yo pou fòme yon sèl, ble e wouj, pou senbolize alyans ant nèg nwa ak milat.

CATHERINE FLON is revered as one of the heroes of the Haitian Independence for the symbolic sewing of the first blue and red Haitian Flag on May 18, 1803. During the last day of the historic Congress of Arcahaie, in a gesture meant to demonstrate complete separation from France, Dessalines cut off the white section of the French tricolor and gave the remaining blue and red to Catherine Flon. She stitched the blue and red together, symbolizing the alliance of the blacks and the mulattoes.

Marie-Jeanne Lamartinière

MARI-JÀN LAMATINYÈ, yo rele l tou senpleman Mari-Jàn. Se yon fanm ki te patisipe nan lagè endepandans Ayiti kòm sòlda. Li te nan batay Krèt-a-Pyewo a nan ane 1802 kote li te demontre yon kouraj lejandè. Non li senbolize pi wo nivo bravou pami fanm vanyan. Se te yon enspirasyon ki te monte moral tout sòlda gason pandan batay endepandans la ak pi ta ankò. Li te goumen ak inifòm gason epi li te fè enpresyon sou tout moun akoz jan l te brav, aksyonè, epi gen kouraj nan batay san li pa janm kraponnen. Non li vin trè popilè nan kilti ayisyen an kote yo fè referans ak li kòm yon fanm djanm ki pa janm pè.

MARIE-JEANNE LAMARTINIÈRE, presented only under the name Marie-Jeanne, is a woman who has participated in the war of independence of Haiti as a soldier. She was at the **Battle of Crête-à-Pierrot** in 1802 where she demonstrated her legendary courage and bravery. Her name symbolizes the greatest level of bravery among women, an inspiration that boosted the morale of all the male soldiers during the battle of independence and later. She fought in male uniform and made a great impression with her fearlessness and courage. Her name is very popular in the Haitian culture whenever referring to a woman of great boldness.

Toussaint Louverture

TOUSEN LOUVÈTI te fèt 20 me 1743. Li se prekisè endepandans Ayiti ki prepare wout pou lame revolisyonè a ranpòte viktwa kont twoup Napoleyon an nan ane 1803. Tousen se youn nan pi gwo lidè militè nan istwa lemond. Li goumen avèk siksè pou Espay kont Frans, epi pita pou Frans kont Espay ak Grann Bretay, nan batay peyi sa yo pou kontwòl koloni Sen Domeng lan. Tousen pita deside koupe fache ak peyi Frans. Li te vle otonomi ak libète nan Sen Domeng. Li te vin gouvènè avi epi li te travay pou amelyore ekonomi ak sekirite koloni an. Li te antreteni yon gwo lame ak anpil disiplin, ki pral pita, anba kòmandman Desalin, genyen lagè endepandans la kont peyi Frans. Apre yo trayi li, yo te kaptire l epi mennen l an Frans kote li mouri prizonye 7 avril 1803.

***

TOUSSAINT LOUVERTURE was born on May 20, 1743. He is the precursor of the independence of Haiti, paving the way for the revolutionary army to win against Napoleon's troops in 1803. Toussaint is one of the brightest military leaders of all times. He successfully fight for Spain against France and later for France against Spain and Great Britain in their battle for the control of the colony. Toussaint later decided to sever ties with France and wanted autonomy and freedom in Saint Domingue. He became Governor for Life and worked to improve the economy and security of Saint-Domingue. He maintained a large and well-disciplined army that will later, under the leadership of Dessalines, won the war of independence against France. Betrayed, he was captured, taken to France, where he died in prison on April 7, 1803.

KONKLIZYON

ANN ONORE SA KI PA N!

Nou dwe ekri liv pa nou, istwa pa nou, kont pa nou, mit pa nou, lejand pa nou, filozofi pa nou. Nou dwe onore pwòp tradisyon nou, pwòp eritaj nou, pwòp fòlklò nou, pwòp koutim nou. Nou dwe venere pwòp ewo nou, pwòp chanpyon nou, pou nou kopye pwòp modèl nou. Nou bezwen pwòp kwayans nou. Diyite nan idantite se onè tout moun nan divèsite kosmik la.

Nou bezwen libere tèt nou anba depandans ekonomik, politik, sosyal, kiltirèl, sikolojik ak mantal, ki rann nou restavèk lòt moun.

CONCLUSION

LET US HONOR WHAT IS OURS!

We must write our own books, our own history, our own stories, our own myths, our own legends, and our own philosophy. We must honor our own traditions, our own heritage, our own folklore, and our own customs. We have to honor our own heroes, our own champions, to emulate our own models. We need our own beliefs. Dignity in identity is the honor of man in cosmic diversity.

We need to free ourselves from the economic, political, social, cultural, psychological, and mental dependence that makes us the vassals of others.

OSIJÈ OTÈ A

Bito David se yon aktivis entèlektyèl, yon filozòf sosyal, ki itilize sa l ekri pou fè pase yon mesaj ranpli imanis, patriyotis, filozofi, reyalis ak lanmou. Enjenyè/Agwonòm, Manadjè, Edikatè, Ekriven/Powèt, pasyon l pou literati, sosyete moun ak filozofi, pa gen mezi. Kòm otè, li pibliye yon koleksyon byen long plizyè liv an kreyòl, fransè ak anglè.

ABOUT THE AUTHOR

Bito David is an intellectual activist, a social philosopher, who uses his writings to convey a message full of humanism, patriotism, philosophy, realism, and love. Engineer-Agronomist, Administrator, Educator, Writer/Poet, his passion for literature, human society, and philosophy, is immeasurable. As an author, he has already published a long collection of books in Haitian Creole, French and English.

BIBLIYOGRAFI ANBRÈF

BRIEF BIBLIOGRAPHY

James, C. L. R. James. *Les Jacobins Noirs*

Dorsainvil, J. C. Dorsainvil. *Histoire d'Haiti*

Madiou, Thomas. *Histoire d'Haiti*

Heinl, Robert Debs and Heinl, Nancy Gordon. *Written in Blood*

Bellegarde, Dantes. *Histoire du Peuple Haïtien*

Gouraige, Ghislain. *Histoire de la Littérature Haïtienne*

Roumain, Jacques. *Gouverneurs de la Rosée*

Pompilus, Pradel. *Histoire de la Littérature Haïtienne*

Editions PerleDesAntilles

perledesantilles1804@gmail.com

www.ingramcontent.com/pod-product-compliance
Lightning Source LLC
Chambersburg PA
CBHW081527040426
42447CB00013B/3369